W0294572

Aimants en folie !

L'auteur : Joanna Cole a eu une prof de sciences qui ressemblait un peu à Mlle Bille-en-Tête. Après avoir été institutrice, bibliothécaire et éditrice de livres pour enfants, Joanna s'est mise à écrire.

L'illustrateur : Yves Besnier est né en 1954. Il habite à Angers. Il illustre des affiches publicitaires ainsi que des livres pour enfants chez Gallimard, Nathan, Hatier, Bayard. Il a illustré *Cendorine et les dragons* et *Cendorine contre les sorciers*, chez Bayard Éditions Jeunesse.

L'auteur tient à remercier le professeur Eric Brewe, pour ses conseils judicieux.

L'éditeur remercie vivement Marc Beynié, conseiller scientifique, journaliste à *Images Doc*, pour sa relecture scientifique.

Titre original : *Amazing magnetism*

Conception : Isabelle Southgate.
Réalisation de la maquette : Éric Doxat.
Suivi éditorial : Karine Sol.
Loi n° 49 956 du 16 juillet 1949
sur les publications destinées à la jeunesse.
Dépôt légal : juillet 2007 – ISBN 13 : 978 2 7470 1472 4.
Imprimé en Allemagne par Clausen & Bosse.

Le Bus Magique

Aimants en folie !

Joanna Cole

Traduit et adapté par Éric Chevreau
Illustré par Yves Besnier

BAYARD JEUNESSE

La classe de Mlle Bille-en-Tête

Ophélie
Kicha
Anne-Laure
Lise
Arnaud

Bonjour,
je m'appelle Carlos
et je suis dans la classe de Mlle Bille-en-Tête.

Tu as peut-être entendu parler d'elle,
c'est une maîtresse extraordinaire,
mais un peu bizarre.
Elle est passionnée de sciences.
Pendant ses cours, il se passe toujours
des choses incroyables.

En effet, Mlle Bille-en-Tête
nous emmène souvent en sortie

dans son **Bus magique** qui peut se transformer
en hélicoptère, en bateau, en avion...

Ah ! J'oubliais ! La maîtresse s'habille
toujours en rapport avec le sujet étudié,
et elle a un iguane, Lise. Original, non ?

Dans ce livre, tu trouveras les exposés
que nous préparons à la maison.
Ainsi, tu seras incollable sur cet étrange
phénomène : le magnétisme !
Et ça, ce n'est pas mal non plus !

1

Un sujet... très attirant

Je sais, il est interdit de courir dans les couloirs ! Mais c'est un jour spécial.

Depuis une semaine, nous préparons des exposés sur le magnétisme. Et, pour nous récompenser, Mlle Bille-en-Tête nous a promis aujourd'hui une surprise. Je suis impatient de découvrir de quoi il s'agit.

« Je suis sûre que vous serez très attirés par mon idée », a dit la maîtresse avec un sourire énigmatique.

Moi, ce sont les ennuis que j'attire en courant ainsi ! Un violent télescopage me fait soudain perdre l'équilibre. Je tombe à la renverse en poussant un hoquet de surprise. J'en ai le souffle coupé. En reprenant ma respiration, je réalise que je viens de percuter Andy. C'est bien ma veine !

Andy est le chouchou de M. Grangedoux, qui est l'autre maître de CE2. Nous lui avons donné le surnom de « Range-tout », parce qu'il a la manie de l'ordre, contrairement à Mlle Bille-en-Tête...

Parfois, M. Grangedoux et notre maîtresse travaillent sur des projets communs. Dernièrement, ils ont organisé un concours d'orthographe. Il fallait épeler des mots difficiles, en rapport avec les sujets

étudiés en classe. Je suis tombé sur « magnétisme », que j'ai orthographié « maniétisme ». Andy, lui, a fait un sans-faute.

– Hé ! Regarde où tu vas ! rouspète Monsieur Je-Sais-Tout.

Il ramasse à la hâte les livres éparpillés à ses pieds.

J'ai juste le temps de lire un titre : *Tout sur les aimants*. Sur la couverture, il y a un gros objet en forme de fer à cheval.

Je me remets debout en bafouillant :

– Désolé !

– Tu seras encore plus désolé bientôt... J'espère que tu sais écrire le mot « défaite » !

Je hausse les épaules et regagne ma classe. Je m'aperçois alors qu'un bouton manque à ma chemise.

J'ai dû le perdre en bousculant Andy. Mais pas question de retourner sur mes pas ! Je n'ai pas envie que ce prétentieux se moque encore de moi. D'ailleurs, je me demande bien ce qu'il a voulu dire.

Pourvu qu'on n'ait pas un autre concours d'orthographe !

Lorsque j'entre en classe, tous les copains sont déjà en train de travailler.

Mlle Bille-en-Tête porte un tailleur pantalon décoré d'aimants en forme de fer à cheval, comme ceux de la couverture du livre d'Andy.

Sur chaque table, il y a une petite boîte renfermant un drôle de trésor : une grosse pierre toute biscornue, un élastique, un pion en plastique, des trombones, une feuille de papier, une pièce de dix centimes et un aimant plat.

– La maîtresse veut qu'on se serve de l'aimant, m'explique Véronique.

Certains élèves ont attiré des trombones à l'aide de leur aimant.

D'autres tentent la même expérience

avec le papier, le pion en plastique ou l'élastique. Sans succès, évidemment.

Je m'exclame :

– Trop facile ! Les aimants n'attirent que les objets métalliques.

À cet instant, la maîtresse annonce :

– On va voir si tu as raison, Carlos... M. Grangedoux et moi-même avons pensé que le meilleur moyen d'acquérir des connaissances sur le magnétisme était d'organiser une compétition entre nos deux classes.

Nous poussons des cris de protestation. Les élèves de Range-Tout sont trop forts ! Ils nous ont toujours battus à plate couture lors des concours d'orthographe, des rallyes lecture, des défis maths et des tournois de football. Le seul domaine où ils n'ont pas encore remporté de victoire, c'est en sciences. Il faut dire que c'est la première épreuve du genre...

Voyant que la classe est peu motivée, Mlle Bille-en-Tête nous encourage :

– Allons, s'il y a bien un sujet où nous pouvons montrer notre supériorité, c'est les sciences, non ? Lisez la feuille de papier qui est dans votre boîte !

Il s'agit d'une suite de trois énigmes :

1. Avec un aimant, je ne reste pas de bois. Ni papier, ni plastique ; le seul qu'il attire, c'est moi. Qui suis-je ?

2. Frotte, frotte, toujours dans le même sens, avec un peu de patience, tes efforts seront récompensés. Que s'est-il passé ?

3. Ne perdez pas le nord ! En cas de doute, voyez mon cadran. Mon aiguille vous mènera à bon port.

Si vous résolvez ces énigmes, la clé de la victoire vous trouverez !

2

Une pierre mystérieuse

– Des devinettes ! s'enthousiasme Anne-Laure.

– Exact, confirme la maîtresse. Et la classe qui les résoudra la première gagnera une pizza géante !

– Moi, je connais déjà la réponse à la question numéro 1 ! dis-je. Le seul matériau qu'attire l'aimant, c'est le métal !

– Ah oui ? fait Raphaël. Et cette pièce de dix centimes, alors ? Elle est en métal. Eh bien, regarde...

Il maintient la pièce contre l'aimant,

puis la lâche : elle retombe sur la table en résonnant.

– C'est parce qu'elle est fabriquée dans un métal qui n'est pas magnétisable ! s'écrie Anne-Laure. Ce sont uniquement les métaux contenant du fer, du nickel ou du cobalt qui sont attirés par les aimants !

Et une énigme de résolue ! Plus que deux... Si ce n'est pas plus difficile que cela, la pizza géante sera bientôt à nous !

Il y a métal et métal !

Le fer, le nickel et le cobalt sont attirés par les aimants, ainsi que tout alliage (c'est-à-dire un mélange) comprenant l'un de ces métaux. Exemple : l'acier est à base de fer.
Les pièces de 1, 2 et 5 centimes d'euros sont magnétisables, bien que recouvertes d'une couche de cuivre non magnétisable, parce qu'elles contiennent de l'acier.
Le cuivre, le zinc ou l'aluminium ne sont pas attirés par les aimants.

Anne-Laure

Arnaud est en train de jouer avec ce qu'il a trouvé dans sa boîte. Brusquement, il s'exclame :

– Hé ! Il est bizarre, ce caillou ! Regardez !

Il brandit la grosse pierre irrégulière, de couleur gris foncé, à laquelle se sont accrochés des trombones.

– Ça alors ! lâche Kicha. Comment est-ce possible ?

– Cette pierre ne ressemble pourtant pas à un aimant..., s'étonne Ophélie.

– Mais elle attire quand même le trombone, qui est en fer..., poursuit Mlle Bille-en-Tête.

– Je sais ! C'est de la magnétite ! s'écrie Véronique.

Tous les regards se tournent vers elle.

– C'est une pierre magnétique, précise-t-elle. J'en ai parlé dans mon exposé.

Légendes autour du magnétisme

Il y a quatre mille ans un berger qui faisait paître ses moutons dans une région appelée la Magnésie, en Grèce, fit une étonnante découverte. Un jour, les clous de ses souliers restèrent collés à un rocher noir. Ce dernier, un aimant naturel, fut appelé « magnétite ».
Deux mille six cents ans avant Jésus-Christ, les Chinois ont eux aussi découvert la « pierre d'aimant ». Ils l'utilisaient pour faire des tours de magie.

Kicha

– À présent, dit Mlle Bille-en-Tête, les choses sérieuses commencent ! Direction : le laboratoire. M. Grangedoux et moi avons préparé des expériences pour vous aider à résoudre les autres énigmes. N'oubliez pas votre boîte de matériel.

Avant de quitter la classe, la maîtresse prend sur son bureau une drôle de zapette. J'ai juste le temps d'apercevoir sur le dessus une image représentant le Bus magique. Mlle Bille-en-Tête fait disparaître l'objet mystérieux dans son sac, qu'elle balance

par-dessus son épaule. Un bruit métallique retentit. Je me demande ce qu'elle emporte...

Sur le chemin du laboratoire, nous passons devant la classe de Range-Tout. Curieux, je jette un coup d'œil à l'intérieur. Andy et ses copains s'amusent encore avec leurs trombones et leurs aimants ! Pas d'inquiétude : nous sommes en tête !

3 Autour de la matière

Dans le laboratoire, Mlle Bille-en-Tête nous invite à nous regrouper autour de la grande table, au centre de la pièce.

Elle explique :

– Pour la première expérience, il vous faut votre aimant et un trombone.

Puis elle farfouille dans son sac et peste :

– Où donc est passée cette fichue limaille de fer ? J'étais pourtant certaine de l'avoir emportée...

Renonçant à chercher dans son sac, elle promène son regard alentour. Si seulement je savais à quoi ressemble de la limaille ! Je pourrais peut-être l'aider...

– C'est comment, la limaille de fer ?

– Ce sont de minuscules aiguilles de fer, Carlos. Ah ! En voilà !

Elle s'empare d'une boîte ronde qui traîne sur une étagère et circule parmi nous.

Elle nous verse dans les mains un tas de brins de métal microscopiques.

– Frottez votre trombone sur l'aimant et observez, ordonne Mlle Bille-en-Tête.

Véronique ne perd pas de temps ! Après avoir passé plusieurs fois le trombone sur l'aimant, elle l'approche des brins, qui viennent aussitôt s'y coller.

– Le trombone aimante ! s'écrie-t-elle.

Arnaud, lui, a beau frotter énergiquement, rien ne se produit.

– Ça ne marche pas ! se plaint-il.

La maîtresse se place près de lui. Elle lui montre comment faire :

– Frotte dans le même sens. Ainsi, tu vas créer ce qu'on appelle un champ magnétique autour du trombone. Sache que tous les objets en fer peuvent être magnétisés.

Elle tend le trombone à Arnaud. Il le tient près de la limaille, qui s'y accroche instantanément.

– Hé ! C'est la réponse à la deuxième énigme, dis-je. On a frotté, et nos efforts ont été récompensés : le trombone est devenu un aimant !

En plus d'avoir résolu l'énigme, j'ai trouvé un moyen de fermer ma chemise : je glisse le trombone à la place du bouton manquant.

– Que s'est-il passé exactement ? s'enquiert Anne-Laure. Pourquoi le trombone attire-t-il la limaille de fer ?

La maîtresse devait s'attendre à cette question, car elle fouille frénétiquement dans son sac.

– Pour le savoir, nous avons besoin de matériel supplémentaire, histoire d'y voir de plus près...

Elle sort de curieux bracelets métalliques, qu'elle nous demande d'attacher à nos poignets et à nos chevilles.

– On a l'air de prisonniers ! plaisante Thomas en refermant ces drôles de bracelets en forme de fer à cheval.

– J'espère qu'on pourra les enlever, grogne Arnaud.

La maîtresse distribue à chacun une paire de lunettes :

– Ce sont des lunettes magiques qui vous permettront de voir à l'intérieur même de la matière...

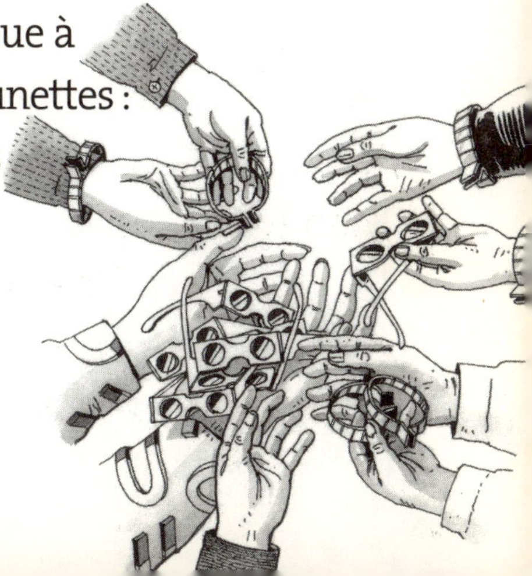

dès que nous aurons la taille qui convient, évidemment !

Mlle Bille-en-Tête a une lueur de malice dans le regard. Inquiets, nous nous jetons des coups d'œil tandis qu'elle tire de son sac la curieuse zapette.

– Tout le monde sur la table, vite ! ordonne-t-elle.

Nous obéissons en riant. C'est bien la

première fois qu'on nous autorise à grimper sur les tables ! Quelle drôle d'école ! Toutefois les ordres de Mlle Bille-en-Tête ne nous étonnent plus... Que nous réserve-t-elle ?

Elle enfonce un bouton, et aussitôt les meubles autour de nous se mettent à grandir. Ou plutôt c'est nous qui rapetissons, rapetissons... jusqu'à devenir aussi minuscules que des brins de limaille de fer !

– Oh, non ! murmure Arnaud.

Son gémissement devient de plus en plus aigu, pour finir en couinement de souris.

Au même moment, des bruits de pas et des voix fortes retentissent. Les élèves de Range-Tout arrivent ! Le maître entre le premier, suivi de près par Andy. Ils nous paraissent gigantesques ! Heureusement que nous sommes montés sur la table, sinon on se serait fait piétiner !

– Comment on reprend notre taille, maintenant ? chuchote Raphaël.

– Inutile de parler tout bas, dit Mlle Bille-en-Tête. Nous sommes tellement petits qu'ils ne nous entendent pas... Cependant, on n'est pas en sûreté. J'appelle le Bus magique à la rescousse. Il sera là dans une minute.

Elle appuie sur un autre bouton de sa zapette.

Brusquement, la voix de Range-Tout éclate dans la pièce :

– Regardez l'état de ce laboratoire ! Les élèves qui sont venus ici auraient pu ranger leurs boîtes ! Et où est passée ma limaille de fer ? Je l'avais déposée sur cette étagère ce matin !

Il parle de la boîte que la maîtresse a ouverte tout à l'heure...

À cet instant, j'aperçois le Bus magique miniaturisé qui entre dans la classe et se rapproche à toute vitesse.

Range-Tout, qui vient de découvrir la boîte et la limaille sur la table, avance ; le bout de sa chaussure vient cogner contre le bus.

– Et en plus ils ont laissé traîner leurs jouets..., soupire-t-il.

Il se penche, ramasse le Bus magique et frotte un gros aimant contre sa carrosserie en expliquant à ses élèves :

– La matière est composée de minuscules particules : les atomes. Au sein d'un matériau, les atomes constituent des groupes appelés « domaines » qui s'agitent dans

toutes les directions. Dans un aimant, les domaines sont alignés dans le même sens et forment un champ magnétique. Si je frotte un objet en fer sur l'aimant, je force ses groupes d'atomes à pointer dans la même direction. Quand un morceau de fer est magnétisé, il peut aimanter à son tour.

Je n'en crois pas mes oreilles. Range-Tout a transformé notre seul moyen d'évasion en aimant, et il l'a collé contre la porte métallique du placard du labo !

Raphaël, qui a travaillé sur le sujet, nous rassure :

– Ne vous inquiétez pas : le bus est devenu un aimant pour peu de temps. Au moindre choc, il ne sera plus magnétique, car ses domaines ne seront plus alignés.

Soudain, je constate avec horreur que la main géante de Range-Tout descend vers le tas de limaille… et donc vers nous, qui sommes dissimulés entre les brins de métal.

4

Une force irrésistible

Range-Tout saisit la limaille, et nous avec !

– Groupez-vous autour de moi, les enfants ! Andy va nous montrer à quoi ressemble un champ magnétique.

Le maître dépose la limaille (et nous au milieu !) sur une feuille de papier. Les élèves de CE2 ont les yeux braqués sur nous ; on a l'impression d'être sous un microscope !

– Andy, place ton aimant sous la feuille. Attention ! Ne touche pas à la limaille : les brins sont si fins que tu risquerais de ne plus pouvoir les détacher.

Génial ! Nous sommes à la merci d'Andy. Voilà qui n'est pas très rassurant...

Tout à coup, je me sens tiré, bousculé. Impossible de résister à la force qui m'attire. Tous, nous commençons à tourner, guidés par l'aimant sous la feuille.

– Je vais vomir ! gémit Arnaud.

– Que se passe-t-il ? s'écrie Ophélie.

– Les domaines de vos bracelets en métal se sont alignés sur ceux de l'aimant. Nous ne pouvons pas résister à sa force d'attraction, explique la maîtresse.

Mlle Bille-en-Tête dégage péniblement une main et réussit à atteindre la zapette dans son sac. Elle presse un bouton.

– Mettez vos lunettes, les enfants, ordonne-t-elle. J'ai rendu visibles les groupes d'atomes dans cette pièce. Comme ça, vous pouvez constater par vous-mêmes que les domaines vont tous dans le même sens. C'est beau, non ?

Des rangées de lumières bleues clignotent et dansent autour de nous. On n'a pas

Champ magnétique

Un aimant développe autour de lui un champ magnétique. Tout objet métallique qui se trouve dans cette zone est attiré vers lui. L'attraction est plus forte aux extrémités, appelées pôles. Si on place de la limaille de fer sur une feuille de papier posée sur un aimant, les minuscules brins de métal, attirés par lui, dessinent alors les contours du champ magnétique.

Raphaël

le temps de s'émerveiller, car Range-Tout poursuit ses explications :

– Regardez ! Il y a plus de limaille aux deux extrémités de l'aimant.

– À présent, continue le maître, nous allons regarder un film qui vous aidera à mieux comprendre le magnétisme.

En se précipitant pour être au premier rang, Andy écarte sans le vouloir la feuille de papier de l'aimant. Ouf, quelle chance ! Il vient de nous libérer !

La lumière s'éteint dans la pièce, et le film commence. Nous enlevons nos lunettes. C'est le moment ou jamais de nous enfuir...

5 Tentative d'évasion

– Si seulement on pouvait atteindre la porte du placard, grimper à bord du Bus magique et s'échapper d'ici ! soupire Véronique.

– Excellente idée ! s'exclame Mlle Bille-en-Tête. Et je crois savoir comment on peut y arriver...

Nous la regardons avec méfiance. Elle a toujours un plan en réserve. Mais il est souvent risqué !

– Comme nous avons été soumis à la force d'attraction de l'aimant, nos bracelets sont encore magnétisés, déclare la maîtresse. Nous allons donc créer une chaîne et nous balancer tous ensemble pour parvenir jusqu'au placard !

Oh, non ! La distance est si importante que j'en ai des frissons. Si la chaîne se brise, c'est la chute assurée sur le carrelage du labo...

Je tends les mains vers Arnaud, qui les attrape.

À notre grande surprise, nos attaches métalliques se repoussent ! Les autres n'ont pas l'air d'avoir plus de succès. Seules Anne-Laure et Ophélie ont réussi : les bracelets de poignets de la première sont solidement fixés à ceux de chevilles de la seconde !

– C'est mains contre pieds ! nous dit Ophélie.

– Exact ! confirme la maîtresse. Les aimants ont deux pôles. Ceux qui sont identiques se repoussent, tandis que les opposés s'attirent.

Je saisis Arnaud par les chevilles, et nos bracelets s'accrochent fermement. Puis Arnaud s'arrime à Raphaël, etc. Bientôt, nous formons une longue chaîne. Mlle Bille-en-Tête est en tête, et moi, je ferme la file.

– Bien joué ! nous félicite la maîtresse. Vous avez compris le principe. Prêts à vous lancer ?

Avant même qu'on ait le temps de répondre, elle nous entraîne à sa suite. Elle s'agrippe au bord de la table, et nous tombons dans le vide, suspendus à elle.

– Tenez bon ! nous encourage-t-elle d'en haut.

On grogne en chœur. Je fais tout pour ne pas regarder en bas.

– Attention, ça va secouer ! nous prévient Mlle Bille-en-Tête.

Arnaud pousse un gémissement étouffé. Puis on commence à se balancer, de plus en plus vite.

Je vois la porte du placard s'éloigner, se rapprocher, s'éloigner, se rapprocher... Je la touche presque du bout des pieds... quand, tout à coup, je m'envole ! Mlle Bille-en-Tête a lâché prise ! Je hurle. Je suis en chute libre ! Une seconde plus tard, je me retrouve collé à la paroi du placard.

J'essaie de progresser vers le Bus magique. Hélas, mes bracelets ne collent pas à la porte métallique, et je me mets à glisser vers le sol.

Heureusement, j'atterris sans trop de mal, vite rejoint par les autres.

– Que s'est-il passé ? demande Kicha en se frottant les coudes. Pourquoi est-ce que nos bracelets ne sont plus magnétisés ?

– À cause du choc, les domaines ne sont plus alignés, répond la maîtresse. Nous allons devoir quitter la pièce par nos propres moyens, j'en ai peur.

Au moins, nous ne sommes plus dans les

airs ! Marchant en file indienne, nous profitons de l'obscurité pour nous éclipser. Du fait de notre petite taille, nous mettons un temps fou ! Une fois dehors, nous sommes épuisés.

– Il faut qu'on reprenne notre taille normale, dit Mlle Bille-en-Tête.

Elle fouille dans son sac, mais ne trouve pas la zapette magique.

– Mon Dieu ! J'ai dû la laisser sur la table !

Nous sommes catastrophés. Impossible de retourner la chercher !

Soudain, un rugissement retentit. Un monstre se précipite sur nous, bouche grande ouverte. C'est l'embout de l'aspirateur

de M. Dubalai ! L'homme de ménage est en train de nettoyer le couloir. Nous essayons de fuir, mais le courant d'air est trop puissant, et le monstre nous avale un par un.

6

Dans le ventre de l'aspirateur

À l'intérieur de l'aspirateur, il fait noir comme dans un puits. Le moteur s'est arrêté, la voix de Mlle Bille-en-Tête nous parvient enfin :

– Vous êtes là, les enfants ?

Nous répondons tous présents à l'appel… entre deux éternuements. Quelle poussière ici ! Ce qui n'est pas étonnant, car nous sommes dans le sac de l'aspirateur…

Soudain, je réalise ce que cela signifie :

– Si nous sommes emprisonnés ici, nous ne gagnerons jamais !

– Qui sait, Carlos ? On peut faire une découverte utile, dit la maîtresse. Mais il faut d'abord que je retrouve mon sac, je l'ai lâché quand l'aspirateur nous a englou- tis. Quelqu'un l'a-t-il vu ?

– Je suis assis dessus ! hurle Thomas.

– Parfait, il y a une lampe-torche et un couteau dedans. Peux-tu les sortir ?

– Je les ai ! s'écrie Thomas.

Thomas allume la lampe, et aussitôt un rayon de lumière troue le nuage de pous- sière.

Nos visages, nos cheveux et nos habits sont couverts de poudre grise. J'ai la gorge sèche, comme si j'avais avalé une boule de coton.

– Suivez-moi, dit Mlle Bille-en-Tête. J'ai quelque chose à vous montrer.

À l'aide de son couteau, la maîtresse fend le sac de l'aspirateur, et nous sortons. Ouf ! L'air est plus respirable. Mlle Bille-en-Tête déchire ensuite le filtre de l'aspirateur et nous guide jusqu'au moteur.

– On dirait un aimant ! s'écrie Véronique.

En effet, la partie périphérique ressemble à un gros aimant.

– Ce sont des plaques de fer entourées d'un fil électrique, à travers lequel on fait passer du courant, précise la maîtresse. Le fer est alors magnétisé et devient...

– ...un électroaimant ! complète Kicha.

– Exactement. Le moteur de l'aspirateur fonctionne grâce à deux électroaimants, qui sont constitués de lamelles métalliques entourées de bobines de fils électriques. Le stator qui est à l'extérieur est fixe, le rotor à l'intérieur est mobile. Le premier produit un champ magnétique qui fait tourner le second.

Ophélie hoche la tête :

– Oui, mais quel est le rapport avec le fonctionnement du moteur ?

– Eh bien, comme le champ magnétique produit par le stator change sans arrêt de sens, il repousse et attire alternativement les bobines du rotor, ce qui permet au moteur de tourner.

– Mais après ? Qu'est-ce qui fait que l'aspirateur aspire ? veut savoir Anne-Laure.

– En pivotant, le rotor entraîne un ventilateur qui aspire l'air et la poussière. Voilà, vous savez tout ! Allez, partons maintenant.

Mlle Bille-en-Tête nous conduit vers la sortie d'air de l'aspirateur.

Nous glissons les uns après les autres sur le fil d'alimentation.

7

Prisonniers !

Nous atterrissons dans un coffre en métal ! Pas de bol ! C'est là que M. Dubalai a dû ranger son aspirateur.

– Pas d'affolement ! dit Mlle Bille-en-Tête. Au moins, on n'est plus dans l'aspirateur...

– ... mais on est emprisonnés ! constate Raphaël.

La maîtresse fouille dans son sac, apparemment inépuisable, et en sort de nouveaux objets. Elle nous distribue de drôles de patins qui ont une barre aimantée à la place des roulettes. Nous les attachons grâce à un système de fixation réglable au talon. Puis nous enfilons des gants, eux aussi munis d'un aimant.

J'essaie de faire un pas... et manque de m'étaler. Mon pied reste collé au fond du coffre et refuse de bouger d'un millimètre !

– Ce sont des chaussures de sécurité à grappins, explique la maîtresse. Elles sont équipées d'aimants très puissants qui s'accrochent aux surfaces métalliques.

– J'en ai parlé dans mon exposé ! s'exclame Arnaud. Les ouvriers qui travaillent en hauteur s'en servent pour escalader les structures en acier.

Comment marcher sur les murs métalliques ?

Les chaussures à grappins permettent aux ouvriers de gravir en toute sécurité les plateformes pétrolières, les ponts, les tours et les poutres en acier sur les chantiers de construction. Chaque chaussure pèse un peu moins d'un kilogramme. Marcher avec nécessite un véritable entraînement !

Arnaud

– Faites comme moi ! recommande Mlle Bille-en-Tête.

Clang, clang, clang. Elle se dirige vers la paroi du coffre en métal... et commence à la gravir.

Nous la suivons en nous débrouillant tant bien que mal.

Mais ce n'est vraiment pas facile d'avancer avec ces chaussures aux pieds ! Notre démarche ressemble un peu à celle des pingouins.

Pour maintenir notre équilibre, nous agitons les bras en faisant de grands cercles. Un par un, nous atteignons la paroi et l'escaladons.

La force d'attraction des aimants attachés sous les chaussures est si grande que nous redoublons d'efforts pour décoller le pied. C'est épuisant !

Arrivé à mi-hauteur, je ne sens plus mes jambes. Lorsque je suis enfin au bord du coffre, certains ont déjà entamé la descente de l'autre côté. Seule la pensée que nous allons peut-être remporter la victoire me donne le courage de continuer.

Je suis le dernier à atterrir sur le sol. Je me laisse tomber à côté d'Ophélie et enlève aussitôt mes patins. Les jambes et les pieds me font si mal que j'ai l'impression d'avoir marché une journée entière.

Mes camarades sont dans le même état.

Ils se massent les chevilles et les cuisses en gémissant.

La maîtresse, elle, ne semble pas fatiguée :

– Bien, je suggère qu'on se remette en route. Nous avons une course à gagner, ne l'oubliez pas !

Je me relève péniblement.

– Heu... où sommes-nous ? demande alors Kicha. Je ne sais pas où se trouve le local de rangement de M. Dubalai, l'école est tellement grande !

Je ne reconnais pas les lieux moi non plus. Si on prend la mauvaise direction, on risque de perdre un temps précieux...

8

Direction : plein nord !

Nous regardons à droite, à gauche... Nous sommes si minuscules que nous ne voyons que de gigantesques pans de mur. Notre seul point de repère est une fontaine à eau. Comme il y en a une par couloir, ça ne nous est pas très utile.

Si seulement nous pouvions lire les indications sur les portes...

– Est-ce qu'on s'est perdus ? s'inquiète Arnaud.

– Laisse-moi réfléchir... Où se situe notre classe ? s'interroge la maîtresse.

– Elle est au bout du bâtiment nord ! s'écrie Thomas.

– Excellent sens de l'orientation, mon garçon ! le félicite la maîtresse. Mais, à moins d'avoir une boussole, comment savoir où est le nord... Heureusement, c'est le sujet de mon exposé ! Je propose :

– On pourrait en fabriquer une. Il suffit

d'avoir un récipient rempli d'eau, un bouchon et... une aiguille magnétisée !

– Je crois que j'ai ce qu'il te faut, dit Mlle Bille-en-Tête.

Elle tire de son sac un mini-gobelet et un bouchon. Décidément, ce sac renferme un véritable trésor ! J'ajoute :

– Et moi, j'ai une aiguille !

Je viens de me souvenir du trombone sur ma chemise, celui qui a remplacé mon bouton. Je le déplie, le coupe et fais un crochet à l'une des extrémités. Hélas, à cause de tous les chocs qu'on a subis, il ne doit plus être magnétisé...

Comme si elle avait lu dans mes pensées, Mlle Bille-en-Tête me tend avec un sourire amusé un aimant annoté nord-sud.

Kicha va disposer le gobelet sous un filet d'eau, une fuite derrière la fontaine. Le gobelet est si petit qu'elle l'a vite rempli.

Pendant ce temps, je frotte dix fois la

pointe de l'aiguille sur le côté sud de l'aimant. Ainsi, elle est magnétisée, et l'aiguille indiquera le nord. Je place ensuite le bouchon sur l'eau et, délicatement, pose l'aiguille dessus. Celle-ci hésite un instant avant de s'immobiliser. Je crie :

– Regardez la pointe, elle est dirigée vers le nord !

– En effet, Carlos. Il ne reste plus qu'à

Un gigantesque aimant

La Terre est comme un aimant géant. Le fer contenu dans son noyau crée son propre champ magnétique. L'aiguille d'une boussole s'aligne sur ce champ et désigne le pôle Nord. Il y a plusieurs siècles, les marins chinois utilisaient déjà des aiguilles, taillées dans des morceaux de magnétite, pour s'orienter lorsqu'ils étaient perdus.

Carlos

suivre cette direction, dit la maîtresse. Les enfants, nous avons trouvé notre chemin !

– Et la réponse à la troisième énigme, dis-je. Avec ma boussole, on est sûrs d'arriver à bon port !

– Si je comprends bien, le magnétisme est partout, remarque Raphaël.

– Même les animaux s'en servent pour se diriger quand ils migrent, ajoute Kicha.

– En route ! s'exclame Mlle Bille-en-Tête. Maintenant que nous avons résolu la dernière énigme, à nous la victoire !

Boussoles vivantes !

Chaque année, des animaux migrent vers d'autres lieux : ils parcourent sans se perdre des milliers de kilomètres. Les scientifiques pensent qu'ils se repèrent grâce à l'étoile Polaire, qui indique le pôle Nord. Ils ont également retrouvé de microscopiques cristaux de magnétite, cet aimant naturel, dans l'organisme d'abeilles, de papillons ou d'oiseaux. Ces derniers seraient ainsi attirés par le champ magnétique de la Terre, et se dirigeraient automatiquement vers le nord.

Kicha

9

Dernière ligne droite

Le chemin du retour paraît interminable. Lorsque nous approchons du labo, nous entendons le bruit de chaises qu'on déplace, des voix surexcitées et celle de Range-Tout qui tente de ramener le calme :

– Bravo ! Vous avez résolu les énigmes. En silence, s'il vous plaît ! Il est temps de gagner la salle de cantine pour... la récompense !

Les élèves se dirigent deux par deux vers la porte.

– Oh, non ! s'exclame Arnaud. Ils vont nous piétiner !

– Tous contre le mur ! ordonne Mlle Bille-en-Tête.

Nous nous faufilons entre le mur et un placard. Là, au moins, nous sommes protégés. Déjà, Andy passe devant nous au pas de course. Il est tellement pressé de remporter la victoire qu'il se cogne l'épaule contre la porte du placard.

– Sans courir, Andy ! hurle le maître.

Nous sortons de notre cachette une fois que le dernier élève a quitté la salle.

Je suis désespéré :

– Comment allons-nous les rattraper, maintenant ?

– Il faut récupérer la zapette et retrouver nos tailles normales, décide Anne-Laure.

– C'est sûr, admet Mlle Bille-en-Tête, mais sans la zapette... Oh ! Ça alors !

On suit son regard... Incroyable ! Là, à quelques pas, le Bus magique, la portière ouverte, nous invite à embarquer.

– Le coup d'épaule d'Andy a démagnétisé le bus, explique la maîtresse. Heureusement qu'il est retombé sur ses roues, sinon il se serait abîmé !

Nous ne perdons pas une seconde de plus. Dès que nous sommes assis à l'intérieur de l'engin, Mlle Bille-en-Tête appuie sur un des boutons du tableau de bord. On entend le bourdonnement des pales au-

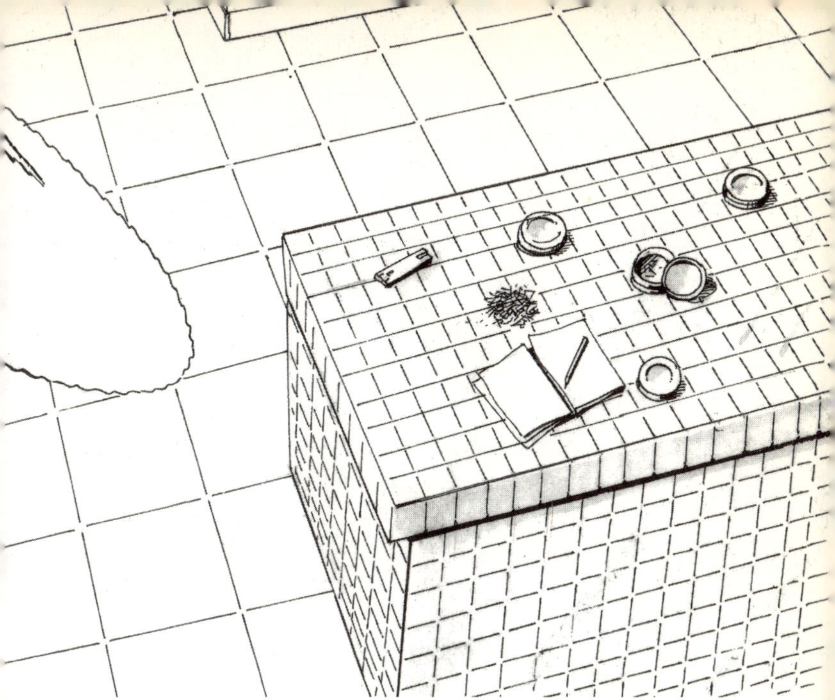

dessus de nos têtes : le bus s'est transformé... en hélicoptère magique. Nous décollons aussitôt. Nous avons encore un espoir, nous pouvons gagner la course !

– Premier arrêt ! prévient la maîtresse. Carlos, tiens-toi prêt...

L'hélicoptère se pose sur la table. Je saute, courbant le dos pour ne pas être assommé par les pales.

La zapette traîne à l'endroit même où on l'a laissée. Je l'empoche, en profite pour prendre une des boîtes qui nous ont servi pour nos expériences et cours rejoindre les autres.

– On ne va jamais réussir à les rattraper, se lamente Ophélie. La cantine est à l'autre bout !

– Je connais un raccourci ! s'écrie Mlle Bille-en-Tête.

Elle fait décoller l'hélicoptère et, au lieu d'emprunter les couloirs, le dirige droit vers la fenêtre ouverte du laboratoire. En moins d'une minute, nous sommes devant le bâtiment de la cantine. Nous atterrissons. On se précipite hors de l'engin, redevenu Bus magique.

– À toi de jouer, Carlos, dit la maîtresse.

Compris ! Je sors la zapette de ma poche et appuie sur le bouton pour nous redonner notre taille. Ça marche ! On se met tous à grandir, grandir... Le bus aussi retrouve sa taille normale.

Nous nous engouffrons dans le couloir qui mène au réfectoire à l'instant même où les autres élèves arrivent.

Andy étouffe un cri en nous voyant atteindre les premiers la porte. Range-Tout, lui, fronce les sourcils quand il aperçoit le bus.

Je pose la main sur la poignée et la tourne... Fermée !

Andy m'a rejoint. Il me bouscule.

– Attends, laisse-moi essayer ! dit-il en écartant ma main.

Rien à faire. La porte est bel et bien fermée. Mais comment peut-elle être verrouillée de l'intérieur ? M. Grangedoux et Mlle Bille-en-Tête échangent un clin d'œil. Je devine qu'ils y sont pour quelque chose. Il s'agit là d'une dernière épreuve...

– Il doit y avoir un moyen d'entrer ! enrage Andy.

Il s'agenouille et regarde sous la porte :

– Je vois la clé ! Il faut la récupérer !

Je repense à la liste : « Si vous résolvez ces énigmes, la clé de la victoire vous trouverez ! » La solution a un rapport avec les énigmes. Voyons... Nous avons appris que les aimants attirent les objets en fer. Or la clé est en fer, donc...

Andy et moi hurlons en chœur :

– Quelqu'un a un aimant ?

Ma boîte ! Il y a un aimant dedans ! J'ai bien fait de l'emporter. Hélas, il est trop gros pour passer sous la porte !

– On pourrait magnétiser un objet métallique plat, propose Ophélie.

Bien sûr, c'est la réponse à la deuxième énigme ! Je prends un trombone, et Andy le frotte à l'aimant avant de le glisser sous la porte.

– Trop court ! se désole-t-il.

Oh, non ! On ne va quand même pas abandonner si près du but.

– On n'a qu'à accrocher plusieurs trombones magnétisés ensemble ! suggère

Thomas. Comme lorsqu'on s'est balan...

Il se mord les lèvres. Heureusement, les cris d'enthousiasme ont couvert ses derniers mots. Personne n'a entendu, sauf moi.

Il n'y a plus de trombones dans ma boîte. Je demande à chaque élève de fouiller ses poches. Andy en récolte deux.

– Ça suffira, dit-il.

Il les magnétise et les rassemble. Il glisse ensuite la chaîne sous la porte, puis la tire à lui, doucement. Nous retenons notre souffle. Les trombones réapparaissent... Au bout est accrochée la clé !

Tous les élèves applaudissent. Rouge de fierté, Andy me tend la clé. Je m'apprête à la prendre pour l'introduire dans la serrure. Toutefois, je me ravise.

Beau joueur, je laisse à Andy le soin de le faire lui-même. Il me sourit, enchanté.

On hurle :

– Une, deux... et trois !

La porte s'ouvre. Les tables sont couvertes de pizzas et de bouteilles de soda. Quel festin !

– Eh bien, je crois qu'on a tous mérité de se régaler, dit M. Grangedoux.

Je n'en reviens pas. Pour la première fois, notre classe a gagné ! Cependant, la victoire est encore meilleure quand on la partage...

Fin